Para _____

_____

De _____

Fecha _____

Irene Fohri
Gabriel Gamar

Quiero decirte que... te Amo

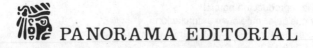

PANORAMA EDITORIAL

QUIERO DECIRTE QUE... TE AMO

Copyright © by Irene Fohri y Gabriel Gamar
Idea y compilación: Irene Fohri

Dibujos: Bernardo Calderón

Primera edición: 1997
Séptima reimpresión: 2001
© Panorama Editorial, S.A. de C.V.
   Manuel Ma. Contreras 45-B
   Col. San Rafael 06470 - México, D.F.

Tels.: 55-35-93-48 • 55-92-20-19
Fax: 55-35-92-02 • 55-35-12-17
e-mail: panorama@iserve.net.mx
http://www.panoramaed.com.mx

Printed in Mexico
Impreso en México
ISBN 968-38-0615-5

Las palabras de amor
no pertenecen a los poetas
sino a los enamorados.

IRENE FOHRI

Una declaración de amor

¿Cómo puedo expresar lo
que tú significas para mí...?

Quizá sería mejor que te lo dijera frente a frente,
mas cuando estás cerca de mí,
se anudan las palabras, las frases,
los pensamientos, mis sentimientos,
mis emociones, todo mi ser.

No encontré poemas o canciones
que hablaran de lo que yo siento por ti.

Mas, para que tú me escuches,
para que sepas cuánto te amo,
recibe ésta como
una declaración de amor...
porque quiero decirle que te amo.

IRENE FOHRI

A la mujer que amo

Ven...
voy a decirte un poema,
un poema que te haga sentir felicidad.

GABRIEL GAMAR

 9

Algún día

Algún día nacerá el amor que anhelamos compartir y entonces llegará el momento de comenzar a vivir.

Algún día caminaremos juntos por los valles y los bosques, atravesaremos montañas y cruzaremos desiertos, recorreremos calles y superaremos metas, que nos forjamos un día con mil problemas a cuestas.

Algún día seremos felices por conocer nuestras vidas, sonreiremos al presente olvidando lo pasado, estaremos en silencio evitando lastimarnos para después con un beso empezar por fin a amarnos.

Esto sucederá muy pronto porque ya te he percibido, siento que estás en el mundo en algún rincón oculta, esperando sin decirlo un amor que te dé vida, como el que yo tanto anhelo hasta que llegue algún día.

GABRIEL GAMAR

Deseos, sólo deseos

Quisiera ver tu rostro dibujado en el espacio azul, tener tus manos prisioneras en las mías y sentir que tu caricia cubre toda mi piel.

Quisiera escuchar tu voz en el silencio de mi soledad, oír que pronuncias mi nombre deseando que vaya a tu lado.

Quisiera que el viento viajero me dijera dónde estás, que las cosas que te han visto me lleven a tu lugar.

Quisiera saber que me quieres en la distancia abismal, imaginar tu cabeza recargada aquí en mi hombro.

Y quizá para no llorar, quiero creer que me besas en esta mejilla fría, que tu beso me consuela y me permite sentir, sentir que todavía existo como criatura del mundo donde un día te conocí.

GABRIEL GAMAR

La felicidad es un perfume que no podemos
poner a los demás sin que nos caigan
unas cuantas gotas.

EMERSON

¡En dónde iba a encontrarte?,
lo ignoraba...
pero tu imagen dentro de mi alma estaba.

MANUEL M. FLORES

Temores

Temo que al encontrarte me pierda en tus rincones, que en el deseo de confundirnos en un todo no seamos dos, sino un montón de espejos.

Que en nuestro intento de tenernos para siempre y de sentir amor todos los días, nos olvidemos que en el tiempo todo pasa.

Que ser maduro no es cambiar sin lastimarse sino ser capaz de abandonar lo que lastima sin el temor atroz de ser culpable.

Que a pesar de estar seguro de qué quiero, pierda el valor para elegir otro camino, que no sea el mismo en el que juntos nos perdimos.

Que por no haberte dado amor en su momento, ya no haya tiempo de entregarte las caricias que ahora tengo.

Que a pesar de las dudas que te esconden pueda buscarte para amarte en su momento, y que al encontrarte me pierda en tus rincones, temo.

GABRIEL GAMAR

Y te hice realidad

Te rescaté de un sueño viejo
de un sueño ya soñado,
estabas entre ilusiones
a punto de quebrantarse,
cuando de pronto vi un destello
producido por tu aura;
tus ojos me miraron,
mi cuerpo te sintió
y mi oído escuchó tu voz.

Descubrí que ya eras mía
y te hice realidad.
Me hiciste ver que los sueños
ayudan a prolongar la vida,
pues quien no tiene un sueño
no tiene derecho a vivir,
porque vivir sin un sueño
es vivir sin un ideal.

GABRIEL GAMAR

El amor es la única flor que brota y crece
sin la ayuda de las estaciones.

JALIL GIBRÁN

Yo quisiera salvar esa distancia,
ese abismo que nos divide.

FEDERICO GARCÍA LORCA

Llegaste a mí

*Ll*egaste a mi vida y me diste la mano
cuando en invierno frío aún estaba aquí,
yo ya estaba cansado de luchar en vano
y con escasos motivos para ser feliz.

Llegaste alegre, optimista, sonriente
hablando de ideales con una gran fe,
que le nacieron alas a mis subconsciente
y te convertiste luego en mi razón de ser.

Llegaste radiante como primavera
a iluminar mis días de oscuridad fatal,
con tu mirada dulce, con tu voz sincera,
y cuando me di cuenta, te había empezado a amar.

Llegaste a mi vida sin yo haberte buscado
a poblar mis sueños con tu vivir,
y presiento que un día estaré a tu lado
ya sin extrañarte, pues viviré en ti.

GABRIEL GAMAR

Apareciste tú

Yo caminaba a tientas por el mundo y apareciste tú: como un puñado de cocuyos en la noche, como una antorcha en las cavernas de mi soledad, como una luna llena en mi sendero oscuro, como un sol radiante entre la niebla de mi vida.

Cuando mi vida era una foto en blanco y negro llegaste con tu gama de colores a colorear mi mundo, pintando de verde mis paisajes, poniendo el azul en el océano, cubriendo de rojo los geranios y de blanco las nubes y de gris la penumbra.

Así me devolviste el colorido y volví a mirar la luz que había perdido, así llegaste a mí y aún no te has ido.

GABRIEL GAMAR

Es inútil que intentes escaparte,
mis ojos han deshecho tu presencia
porque mi amor se enamoró de amarte.

VICENTE E. DEL PRADO

Amar
es todo cuanto hay en la vida de bueno.

GEORGE SAND

Me declaro culpable

Me declaro culpable

de cambiar tu identidad, de alejarte de tu mundo, de tu familia y tu país;

de oprimir tu rebeldía, de matar tus ilusiones, de haberte engañado con apariencias y de haberte inventado un paraíso;

de no tener paciencia, de exigirte demasiado, de que me esperes a diario con la paciencia del tiempo;

y sin derecho a fianza de haber destruido tu proyecto de vida y de haberte inventado una vida distinta a la que tú pretendías;

de amarte a mi modo y de haber secuestrado todas tus fantasías, me declaro culpable y acepto mi culpa.

GABRIEL GAMAR.

En la distancia

Estoy en la distancia
pero no te siento lejos,
mi mente te piensa
y mi sueño te sueña,
mi nostalgia te extraña
mi paciencia te espera;
mi esperanza bien sabe
que mañana regreso
para darte mis besos,
para sentir tus aromas
y escuchar tus alientos,
para cubrirme del frío
con el calor de tu cuerpo.

GABRIEL GAMAR

El amor no consiste en mirarnos uno al otro,
sino en mirar juntos hacia afuera
en la misma dirección.

A. Saint Exupéry

...aprender como eres,
¡quererte como eres!

Mario Benedetti

Perdóname amor

Perdóname amor por mi desidia, pues no he tenido tiempo de escuchar tus dudas, de compartir tus penas, de correr contigo una aventura; no he tenido tiempo de caminar contigo en las mañanas, de sembrar tus flores, de leerte un libro en nuestra cama.

No he tenido tiempo de conversar a solas, de admirar contigo la luna en el espacio o de darte un beso sin ningún motivo y de sentir bonito al escuchar tus pasos.

No he tenido tiempo de entregarme a ti completo, ni de dejarme querer y ser tu amigo; perdóname amor por mi desidia, pero aún es tiempo de volverte a amar como es debido.

GABRIEL GAMAR

Quisiera ser tu realidad

Despierto de mañana,
te encuentro junto a mí
y aún estás dormida,
te miro envuelta en sueños
de deseos y fantasías,
me acerco a ti y te acurrucas
buscando mi calor para tu frío.

Quisiera despejar el velo
de tus sueños fantasiosos,
quitar esa cortina oscura
y formar parte de ellos;
cabalgar en tu camino,
caminar en tu sendero
y ser tu ilusión más grande,
ser tu vuelo, ser tu realidad
y ser tu sueño.

GABRIEL GAMAR

Cada día te amo más,
ahora más que ayer y
menos que mañana.

ROSEMONDE GÉRARD

Y sin embargo es mucho haber amado.

JORGE LUIS BORGES

Para no extrañarte

Cuando te alejes quisiera quedarme con parte de tu cuerpo, sólo con aquello que me gusta para sentir que aún estás presente.

*Quisiera quedarme con tus manos
para que me acaricien,
quisiera quedarme con tus labios
para que me besen,
quisiera quedarme con tus brazos
para que me abracen,
quisiera quedarme con tus ojos
para que me miren,
quisiera quedarme con tu mente
para que me piense,
quisiera quedarme con tu voz
para que me hable.*

*Pero sobre todo,
quisiera quedarme con tu corazón
para que me ame.*

Como verás no quiero mucho, sólo quiero algo de ti para no extrañarte.

GABRIEL GAMAR

Un canto de gaviotas

Viajando a tu lado en un sueño
dentro de una postal de piedra y arena,
te llevaste contigo un rincón del desierto
y lo sembraste de ilusiones y quimeras.

Mi ventana se abrió con la insistencia del viento
se metió en mi habitación un canto de gaviotas,
emergió tu recuerdo de un mar de nostalgias
me miré navegando en la humedad de tus ojos
y me alegró tu sonrisa como oleaje en la arena.

Te vi caminando entre caracoles y conchas
huyendo del mundo de los imposibles,
enterrando secretos en el nido de un cangrejo
encubriendo tus deseos entre algas marinas
y resguardando tus sueños en los arrecifes.

Me envolvió una brisa como caricia de espuma,
cerré los ojos para no sentir la arena
y cuando los abrí volaron mil gaviotas
que revoloteaban alrededor de tu pelo
y te fuiste alejando como fantasma en la bruma,
como la silueta de un barco buscando el horizonte
y un faro te alumbró en la oscuridad de la noche.

GABRIEL GAMAR

La vida es una flor,
cuya miel es el amor,

VÍCTOR HUGO

Siempre que haya un hueco en tu vida,
llénalo de amor.

AMADO NERVO

Te quiero

Me duele verte partir y se me hace trizas el alma, me aprieta un nudo en el pecho al intentar contener mis lágrimas.

Es difícil separarse cuando es más que una costumbre lo que une, lo que ata y es amor a toda prueba de tiempo, lugar o distancia.

Hace bien de vez en cuando separarse por un tiempo y darle valor a tus besos, a tus palabras y encantos.

Cuando vuelvas de ese viaje ya verás cómo cambiamos, será como empezar de nuevo pero sin repetir lo malo, será como decir te quiero tomándonos de la mano.

GABRIEL GAMAR

A tu lado

A tu lado camino con pasos gigantescos,
sonrío con desenfado al universo
y vivo cada día sin soledad.

A tu lado me siento ser humano,
convierto en aciertos mis errores
y tropiezo con deseos de continuar.

A tu lado el tiempo se me hace corto,
los problemas disminuyen cuando me hablas
y el mundo se me acaba si no estás.

A tu lado el miedo ya no invade mis sentidos,
la belleza me acompaña en el camino
y me siento bien pequeño si te vas.

GABRIEL GAMAR

Aquel a quien el amor no toca,
camina en la oscuridad.

PLATÓN

¡Amémonos,
que para amar hemos nacido!

PIETRO DE ARENTINO

Me da miedo

*M*e da miedo...

> pensar en ti de nuevo, encontrarme con tu imagen
> frente a frente y escuchar tu voz de profeta en mis
> adentros;

> repetir contigo nuestra historia, repetir cada fantasía
> que juntos nos inventamos, cada temor, cada caricia,
> cada prisa al entregarnos;

> vacilar si me dices que me quieres y aceptar que no
> te olvido aunque el tiempo haya pasado;

> que al soñarte me sienta otra vez gigante y que tus
> besos traviesos exciten mis sentimientos;

> caminar por tus pasillos, por tus cuartos en
> penumbras y perderme en tus recuerdos;

> perderme en tus cajas de espejos, en tus deseos de
> amar y en tu risa, en paréntesis de ti, en tu tiempo
> de reflejos.

GABRIEL GAMAR

Regálame uno de tus sueños

P ara no olvidarnos nunca
regálame uno de tus sueños,
de esos que ya no ocupas
de los que no tienen dueño.

Regálame uno de tus sueños
y toma uno de los míos,
y así juntos llenaremos
nuestros momentos vacíos.

GABRIEL GAMAR

El sonido de un beso no es tan fuerte como
el de un cañón, pero su eco dura más tiempo.

Oliver W. Holmes

Toda la humanidad ama a un amante.

Emerson

El aroma del amor

Cuando el amor aparece se percibe un cierto olor,
porque el amor huele a ternura, a caricias en silencio;
huele a carta recibida y a pasión recién usada.

El amor tiene una fragancia propia,
que nada y todo lo igualan.
Tiene aroma a flor, a lluvia, a viento.

El aroma del amor se distingue desde lejos,
refugiado en una alcoba o
impregnado en la ropa del perchero.

El aroma del amor puede estar en un perfume
o en el olor de tu pelo, en esa fragancia
que emana por los poros de tu piel.

Hay quien piensa que el amor no tiene un olor preciso,
porque el amor huele a todo lo que te atrae
cuando estás perdidamente enamorado.

GABRIEL GAMAR

Yo también podría escribir

*Yo también podría escribir
¡qué bellas son tus piernas!,
decir que tus senos me enloquecen
y que tus labios me transportan a la luna.*

*Yo también podría escribir
que tu cuerpo me perturba,
hacerle dos poemas a tus ojos
y decir que tus caderas me trastornan.*

*Sin embargo, prefiero escribir sobre otros temas
sobre tus sentimientos y tus sueños
sobre tu aroma y tu callado aliento
sobre tus ganas de vivir y tu sonrisa alegre
sobre tu mirada firme y tu voz de viento.*

*Prefiero escribir sobre tu valentía
sobre tu amor de madre y tu valor de amiga
quiero escribir sobre tus huellas
de mujer activa, de mujer completa
quiero escribir sobre tu soledad que espera
sobre tu amor al mundo y a la vida.*

Yo también podría escribir sobre tu cuerpo,
pero no lo hago porque eso es pasajero
y lo demás, ¡eso que vale!,
perdurará en ti el tiempo entero.

GABRIEL GAMAR

Al hombre que amo

Acércate...
para que escuches mis palabras
como una sinfonía de besos y caricias.

IRENE FOHRI

Sólo para amarnos

*T*ú estabas ahí frente a mí, ¿y yo?,
yo no sabía qué hacer o qué decir,
no pude sonreír, tampoco hablar,
sólo bajé la mirada y, de reojo,
vi que estabas petrificado,
como una columna de hierro,
como una estatua de bronce.

¡La vida sí que nos depara sorpresas,
ambos andábamos de aquí para allá,
de un lado a otro,
subiendo y bajando,
recorriendo los confines del mundo,
intentando encontrarnos!...
y, ¡sólo para amarnos!

En ese instante...
estuvimos sin estar,
hablamos sin hablar,
nos vimos sin vernos;
mas, con una sonrisa
sin palabras murmuraste:
¡Amor mío!

IRENE FOHRI

Te quiero y te necesito

Me tomaste de la mano,
caminamos sin saber a dónde,
no pregunté nada, tampoco dije nada,
me deje llevar y en medio de nuestro silencio
y del barullo de la ciudad nos detuvimos.

No llegaban las caricias
o el abrazo que anhelaba
ni el beso que ansiaba.
No me estrechabas
para sentir tu piel.

¡Te quiero y te necesito!,
fue lo único que escuché.
Se entumeció mi ser,
esas palabras estaban
a punto de estallar de mí,
como juegos pirotécnicos...
¡te quiero y te necesito!

IRENE FOHRI

El amor mueve el sol y a las estrellas.

DANTE

El amor es lo único
que nos llevamos cuando partimos
y lo que hace el final más fácil.

LOUISE MAY ALCOTT

Un gran instante

La alegría para que sea alegría
*   debe ser compartida,*
el amor para que sea amor
*   debe ser compartido y*
el vino para que sea vino
*   debe ser compartido.*

Un gran instante *puede hacerse con*
mucha alegría, bastante amor y un poco de vino
y los grandes instantes pueden ser
abundantes si los procuramos con quien amamos
durante nuestra efímera vida.

IRENE FOHRI

Tenía miedo de enamorarme

Tenía miedo de empezar,
de que todo fuese un sueño,
de iniciar lo que podía terminar,
de que fuera algo efímero,
de que me llegaras a amar;
y como un murmullo escuché:

¡Sólo se ama al amar y al amar se da la vida!

Y, antes de que te percataras,
me detuvieras,
me atraparas,
o me aferrase a ti,
corrí para alejarme;
tenía miedo de enamorarme...

De enamorarme, tenía miedo.

IRENE FOHRI

A nadie te pareces desde que yo te amo.

PABLO NERUDA

Profundo en mi corazón,
nadie más que tú.

RUTH G. HARDING

Dar por amor

Volvimos a encontrarnos,
supe, no sé cómo, pero lo supe,
como las mariposas saben
llevar el polen de una flor a otra,
que eres la promesa del amor,
el espacio que se anidaba en mí
y la otra parte de mí.

Juntos descubrimos
que el amor verdadero
comienza cuando se siente como el otro,
se piensa como el otro,
se ama tanto al otro como a uno mismo
y en donde nada se espera a cambio,
en donde todo es dar, dar por amor.

IRENE FOHRI

Nuestros besos

Sin pronunciar un monosílabo,
te hablaron de amor
mis labios trémulos
y en respuesta los sellaste
con los tuyos.

Besos suaves y dulces,
vertiginosos y apasionados,
intensos y profundos
que unieron
nuestros cuerpos.

Besos, caricias,
néctar puro de la vida
que adhirieron nuestras pieles,
fusionaron nuestras almas,
y enlazaron nuestros seres.

IRENE FOHRI

De nuestros suspiros
brota el murmullo de las flores,
el susurro de las hojas y
el canto de los arroyuelos.

JALIL GIBRÁN

Tómame ahora que tengo la carne olorosa
y los ojos limpios y la piel de rosa.

JUANA DE IBARBOROU

Me he enamorado de ti...

Para mirarme en tus ojos
y estrecharte en mis brazos,
para vivir por siempre para ti.

Para reír contigo
y acariciarte todo,
para ser la otra parte de ti.

Para fundirme en tus besos
y compartir mis sueños,
para construir pensando en ti.

Para llegar a ti lentamente
y sentirme en ti cada instante,
para amarte eternamente a ti.

IRENE FOHRI

58

Te amo

En *ese instante que nunca olvidaré, fuiste más querido que un amigo, más íntimo que un hermano, más adorable que un novio y más delicioso que un amante... fuiste un hombre enamorado.*

Era una emoción incontrolable; una pasión desbordada, una ternura insospechable, una entrega plena, un amor infinito, un sueño que había soñado, una realidad vivida.

El amor había florecido y no era sólo algo fugaz... La afinidad espiritual no puede obstruirse. Eramos nosotros, éramos dos fusionados en uno, éramos uno íntimamente ligados.

A la mañana siguiente, al despedirnos, sentí que mis sentidos se cubrían con un velo de niebla, con una lluvia tupida, con la necesidad de tu presencia... con olores a ausencia.

Los fulgores del alba, el silbido de los árboles, el silencio matutino, todo en torno mío carecía de sentido, de significado... Tu partida ensombrecía todo a mi alrededor y la belleza se desvanecía.

Tu regreso es lo único que saturó mi pensamiento, volver a verte y a sentirte es lo único que deseé, aguardar a un nuevo encuentro es lo único que anhelé, el sabernos unidos para siempre es lo único que llegó a consolarme...

¡Te amo tanto que no podría amarte más!

IRENE FOHRI

Cruzar con las mismas alas
los mundos de lo ideal...
¡ese es el amor mi vida!

MANUEL ACUÑA

El amor verdadero empieza ahí,
donde no espera nada.

ANTOINE SAINT EXUPÉRY

Lágrimas

Descubrí...
que no me atrevía a decirlo,
que no lograba murmurarlo,
que no alcanzaba a expresarlo,
que no podía poner en palabras
aquello que sentía por ti.

¡Más no fue porque no te amara!

Sino porque
se hacían nudo los pensamientos,
las palabras, las frases,
todos mis sentimientos,
todas mis emociones,
que vertí en lágrimas.

IRENE FOHRI

Tú y yo, yo y tú

¿Qué es eso de amarte?

Aún no puedo escribirlo,
quizá un día pueda describirlo, pero ahora no.

Porque el estar en ti y contigo
es algo que va más allá de mis sentidos.

Porque el sentirnos unidos
es algo que ni el amor puede explicar.

Porque nuestras almas están diseñadas
para estar una en la otra.

Porque somos tú y yo, yo y tú
por siempre y para siempre.

IRENE FOHRI

Hay una tierra de vida y una de muerte,
y el puente entre éstas es el amor.

THORNTON WILDER

Vivir es amar,
porque amar es vivir con alegría.

IRENE FOHRI

Melancolía

Un poco de distancia,
un mucho de nostalgia,
un poco de lejanía,
un mucho de melancolía.

Caricias desperdiciadas,
suspiros ignorados,
lágrimas entrecortadas,
besos contenidos,
entregas añoradas,
abrazos esfumados,
palabras desquebrajadas...
que se pierden día a día
entre la distancia y la nostalgia,
hombre que amo, piel mía,
te evoco saturada de melancolía.

Mi deseo de ti se acrecienta en la lejanía
¡turbia embriaguez de amor apaga
esta distancia, esta melancolía
que estoy profundamente enamorada!

IRENE FOHRI

Tu ausencia

*¿**D**ónde estás?,*
¿por qué no estás aquí?,
¿acaso me recuerdas?,
¿sabes que me haces falta?

Quiero que mis palabras
aunadas a mis sentimientos
lleguen a ti
como un lamento
por tu ausencia,
por el hueco que has dejado en mí.

Quiero que sepas que extraño
tu presencia, tu voz,
tus besos, tus caricias,
tu aroma, tu piel...
tus labios murmurando
te amo una y otra vez.

IRENE FOHRI

Ese amor es todo lo que existe,
es todo lo que sabemos del amor.

EMILY DICKINSON

La razón de amar la encontramos viviendo,
el sentido de vivir lo encontramos amando.

STEFANO TANASESCU

Nuestra historia de amor

Una pausa, un silencio,
también hay silencios
entre nosotros, silencios
en nuestra historia de amor.

Silencios cuando...
nos miramos, recordamos,
sonreímos, observamos,
disfrutamos, soñamos.

Silencios cuando...
compartimos, damos,
gozamos, recibimos,
sufrimos, regresamos.

Silencios cuando...
estamos cerca, somos uno,
los perfumes se fusionan y
nuestras almas se enlazan.

IRENE FOHRI

Creí que habías partido

Al despertar te miro dormido
y recuerdo cuánto me amas,
cuando creí que te había perdido.

Me hablaste de tus anhelos
y me sujetaste con tus sueños.

Me besaste entre delirios
y me sostuviste entre tus brazos.

Me acariciaste entre susurros
y me cantaste con sollozos.

Me llevaste a tocar los cielos
y me hiciste recorrer veredas.

Cuando creí que habías partido,
descubrí que aún me amas
y es lo único que guardo en secreto.

IRENE FOHRI

¡Quién eres tú sino la imagen
de todo lo que nutre mi silencio?

Alí Chumacero

Soy la preferida de su vida.

Marguerite Duras

Amarte

Amarte es...
   saber quien soy,
   vivir como no he vivido,
   ser como nunca he sido,
   dejar de ser tú y yo,
   compartir un "nosotros",
   un "me perdonas"
   y un "te quiero".

IRENE FOHRI

No sé escribir

No sé escribir un poema,
para decirte con ternura...

> *que te siento hambriento*
> *de mis labios en tu boca,*
> *de mi piel en tus dedos,*
> *y de mis caricias en tu alma;*

> *que te huelo sediento*
> *de mi cuerpo entrelazado,*
> *de mi sabor a miel,*
> *y de mi ser completo;*

> *que eres fragancia de amor,*
> *aroma carmesí,*
> *olor a viento,*
> *y perfume de flor...*

Mas, no sé escribir un poema
para decírtelo en secreto.

IRENE FOHRI

A donde tú vayas,
yo iré.

LIBRO DE RUTH

Cometemos un error cuando buscamos ser amadas,
en vez de amar.

CHARLOTTE YOUNGE

Aún puedo amarte más

¡Te amo tanto!,
¡te amo tanto!

Eso es todo
lo que deseo expresarte.

Eso es todo
lo que quiero decirte.

Eso es todo...

¡Espera, espera!,
falta algo...

Te amo tanto, pero...
¡aún puedo amarte más!

IRENE FOHRI

Amar es...

Una respuesta en la soledad,
un abrazo en el infinito,
una caricia donde duele y
un beso que fusiona.

Una necesidad mutua,
un oasis para compartir,
una cobija en la madrugada y
un encuentro que no termina.

Una experiencia personal,
un vínculo de bondad,
una entrega paulatina y
un corazón que perdona.

Una copa de vino para dos,
un momento para llorar,
una sonrisa perenne y
un canto de paz.

Una esperanza que se aviva,
un compromiso cada día,
una semilla de la fe y
un instante en la eternidad.

Una palabra que aguijonea,
un espacio en la cercanía,
una delicia de la vida y
un mensaje del Creador.

¡Amar es fortaleza para los instantes difíciles!

IRENE FOHRI

¡Para qué vivimos,
si no es para hacernos la vida menos difícil
el uno al otro?

GEORGE ELLIOT

Habla bajo si hablas de amor.

SHAKESPEARE

El amor es, más bien,
una confluencia de dos vidas
que se unen con el afán de fundirse,
confundirse en una sola.

MANUEL GARCÍA MORENTE

Canten, bailen juntos
y sean alegres.

JALIL GIBRÁN

Amarte

Te necesité en los fríos días de mi soledad
cuando mis pasos no eran firmes
y mis labios eran libres,
cuando mis manos no sabían acariciar.

Te busqué con ansias desmedidas
por recónditos parajes y caminos,
en las playas, en los bosques
y en los nidos sembrando una semilla.

Te encontré después de tantos viajes,
cuando ya no había esperanzas
me devolviste la confianza
llenando conmigo un equipaje.

Y descubrí que amándote
es la única forma en que veo mi vida,
amándote es la única forma en que quiero vivir.
Tan sólo por ello, quiero amarte.

GABRIEL GAMAR

El amor

El amor es sufrido, es benigno,
el amor no tiene envidia,
el amor no es jactancioso,
no se envanece,
no hace nada indebido,
no es egoísta,
no se irrita,
no guarda rencor,
no disfruta de la injusticia,
mas se goza en la verdad.

El amor todo lo sufre,
todo lo cree,
todo lo espera,
todo lo soporta.

EPÍSTOLA A LOS CORINTIOS

Acerca de los autores

Irene Fohri

Estudios: Licenciatura en administración de empresas:
Portland University. Maestría en comercio internacional y
estudios latinoamericanos: University of Denver.
Investigación acerca de: mejora continua, calidad total,
sicología, logoterapia, arte, amor y filosofía. **Catedrática
en:** Universidad de las Américas y Universidad Anáhuac.
Autodidácta en Letras.

Cuento:
El Secreto de los Triunfadores.

Poesía:
*Quiero decirte que te amo, Quiero decirte que te amo 2, Mi
declaración de amor, Mi declaración de amor 2, Lo que siento
por ti 1, Lo que siento por ti 2, I love you-Te amo.*

Inspiración:
*Una gran mujer, Mujer de la A a la Z, Tú eres alegría, Vive con
Alegría, Amor es..., Perdón es..., Dios, Dios escúchame, Yo tu
Ángel estoy contigo, Especialmente para ti, Quieres y Puedes
Triunfar, Mis cuentitos, Si sufres..., Para un gran Maestro,
Destellos de G. Jalil, Nuestra amistad, Cerca de mi Familia, Soy
Joven.*

Didácticos:
*La Supersecretaria, Ejecutivo de Calidad Total, De ordinario a
extraordinario: Mejora Continua.*

Artículos en:
*Visión Interamericana, Mundo Ejecutivo, Actividad
Empresarial y Mientras Espera. Fragmentos en: Canto a la
Vida, Regalo Excepcional y Personal Excellence.*

Conferencias en Cd. de Mexico: Radio Red, Radio Acir, Radio Mil, Morena, XEW. Guadalajara: Radiorama, Radiopolis, Radio Metropoli, Radio Mujer, XEWK. Chicago: WOJO, WHO y en varios congresos.

Lugares donde ha Vivido: México, Italia, Francia y Estados Unidos y viajado por Europa y Latinoamérica.

Gabriel Gamar es licenciado en derecho y ha publicado: *Una realidad quizá imaginaria*, además ganó un concurso de cuento de la Universidad La Salle con *Yo no lo imaginé así*, participó en la novela *Los Trasrealistas* y ha escrito artículos en el periódico *Novedades*.

Ha vivido en México y Costa Rica y ha viajado por Europa y Oriente. Sus poemas hablan de la sensibilidad del hombre que se enamora.

Indice

Una declaración de amor 7

A la mujer que amo: 9

- Algún día 11
- Deseos, sólo deseos 12
- Temores 14
- Y te hice realidad 17
- Llegaste a mí.......................... 19
- Apareciste tú 20
- Me declaro culpable.................... 22
- En la distancia 23
- Perdóname amor 27
- Quisiera ser tu realidad 28
- Para no extrañarte 30
- Un canto de gaviotas 31
- Te quiero 35
- A tu lado 36
- Me da miedo........................... 38
- Regálame uno de tus sueños 39
- El aroma del amor 41
- Yo también podría escribir 42

Al hombre que amo: **45**

• Sólo para amarnos 47
• Te quiero y te necesito. 48
• Un gran instante........................ 50
• Tenía miedo de enamorarme 51
• Dar por amor 55
• Nuestros besos 56
• Me he enamorado de tí 58
• Te amo 59
• Lágrimas 64
• Tú y yo, yo y tú......................... 65
• Melancolía 67
• Tu ausencia 68
• Nuestra historia de amor 72
• Creí que habías partido 73
• Amarte 75
• No sé escribir 76
• Aún puedo amarte más 78
• Amar es................................. 81

Amarte 85
El amor 86

Acerca de los autores 87

Nota de Irene Fohri:
Dado que... Las palabras de amor no pertenecen a los poetas, sino a los enamorados, mis poemas aquí contenidos, a mi muerte, pasan a ser del Dominio Público.

Impreso en:
Ediciones Cuicatl
Gral. Gómez Pedraza No. 13
Col. San Miguel Chapultepec
11850 - México, D.F., Octubre 2001